Segunda impresión, 1997

© 1994 Max Velthuijs
© 1994 Ediciones Ekaré
Edificio Banco del Libro, Avenida Luis Roche, Altamira Sur. Caracas, Venezuela.
Todos los derechos reservados para la presente edición en español.
Título Original: *Frog is Frightened*
Publicado por primera vez en Inglaterra por Andersen Press Ltd., London WC2
Traducción: Carmen Diana Dearden
Impreso en Italia por Graphiche AZ, Verona
ISBN 980-257-185-7

Max Velthuijs

Sapo tiene miedo

Ediciones Ekaré
Caracas

Sapo tenía mucho miedo. Estaba metido en su cama y
escuchaba ruidos extraños por todas partes. El armario
crujía y se oían susurros por las cuatro esquinas del cuarto.
"Hay alguien debajo de mi cama", pensó Sapo.

Saltó de la cama y corrió por el bosque oscuro hasta llegar a la casa de Pata.

—¡Qué amable! Me has venido a visitar -dijo Pata-. Pero es un poco tarde y ya me voy a acostar.

—Por favor, Pata -dijo Sapo-. Tengo miedo. Hay un fantasma debajo de mi cama.

—Tonterías -dijo Pata riéndose-. Los fantasmas no existen.
—Sí existen -dijo Sapo-. Y el bosque también está embrujado.
—No tengas miedo -lo tranquilizó Pata-. Te puedes
quedar conmigo. Yo no estoy asustada.
Y se acurrucaron juntos en la cama. Sapo ya no
tenía miedo.

De pronto, oyeron rasguños en el techo.

—¿Qué fue eso? -preguntó Pata y se sentó de golpe.

Luego, escucharon unos crujidos en la escalera.

—¡Esta casa está embrujada! -gritó Sapo-. Vámonos de aquí.

Sapo y Pata corrieron por el bosque oscuro.

Sentían que había fantasmas y monstruos por todas partes.

Llegaron jadeando a la casa de Cochinito y golpearon a
la puerta.

—¿Quién es? -preguntó una voz soñolienta.

—Por favor, Cochinito, abre la puerta. Somos nosotros -gritaron
Sapo y Pata.

—¿Qué pasa? -preguntó Cochinito enojado-. ¿Por qué
me despiertan a medianoche?

—Por favor, ayúdanos -dijo Pata-. Estamos aterrados. El bosque
está lleno de fantasmas y monstruos.

Cochinito se rió.

—¿Qué tonterías son esas? Los fantasmas y los monstruos no
existen. Ustedes lo saben.

—Mira tú mismo y verás -dijo Sapo.

Cochinito se asomó por la ventana, pero no vio nada raro.

—Por favor, Cochinito, ¿podemos dormir contigo? Tenemos tanto miedo.

—Bueno -dijo Cochinito-. Mi cama es grande y a mí nunca me da miedo. No creo en esos cuentos de fantasmas.

Los tres se acostaron en la cama de Cochinito.

"Esto es muy rico", pensó Sapo. "Ahora no nos puede pasar nada".
Pero en ese momento, sintió otra vez los ruidos extraños que venían del bosque.

—Pata -susurró Sapo-. ¿Escuchas?

—Sí -contestó Pata.

Y esta vez, Cochinito también los oyó. No podían dormir.

Los tres amigos trataron de darse ánimo. Se acurrucaron y repitieron juntos una y otra vez:

—No tenemos miedo. No le tenemos miedo a nada.

Pasó mucho tiempo hasta que, por fin cansados, se quedaron dormidos.

A la mañana siguiente, Liebre fue a visitar a Sapo.
La puerta estaba abierta de par en par y Sapo no se encontraba
por ningún lado.
"Qué extraño", pensó Liebre.

La casa de Pata también estaba vacía.

—Pata, Pata, ¿dónde estás? -gritó Liebre pero nadie contestó.
Liebre comenzó a preocuparse y pensó que, tal vez, algo
terrible había pasado.

Muy asustado, corrió por el bosque buscando a Sapo y a Pata. Buscó por todas partes, pero no encontró ni una seña de sus amigos.

"Tal vez Cochinito sepa dónde están", pensó.

Liebre tocó a la puerta de Cochinito. Nadie contestó.
Todo estaba quieto y en silencio. Se asomó por la ventana
y allí estaban sus tres amigos en la cama, rendidos durmiendo.
¡Eran las diez de la mañana! Liebre golpeó en la ventana.

—¡Un fantasma! -gritaron Sapo, Pata y Cochinito.
Pero luego vieron que era Liebre.

Cochinito quitó el candado de la puerta y los tres
corrieron afuera.

—Liebre, Liebre -dijeron-. ¡Tuvimos tanto miedo!
El bosque está lleno de fantasmas y monstruos horribles.

—¿Fantasmas? ¿Monstruos? -preguntó Liebre
sorprendido-. Pero si no existen.

—¿Cómo lo sabes? -preguntó Sapo enojado-. Había un
fantasma debajo de mi cama.

—¿Lo viste? -preguntó Liebre sin alterarse.

—Bueno..., no -dijo Sapo-. No lo vi, pero sí lo oí.

Entonces, por un largo rato, los cuatro amigos hablaron
de fantasmas y de monstruos y de otras cosas
espeluznantes.

Cochinito preparó té.

—¿Saben? -dijo Liebre-. Todo el mundo tiene miedo alguna vez.

—¿Tu también? -preguntó Sapo sorprendido.

—Sí, yo también -contestó Liebre-. Tuve mucho miedo esta
mañana cuando pensé que ustedes se habían perdido.
Hubo un silencio.

Y entonces, Sapo, Pata y Cochinito se rieron.

—No seas tonto, Liebre -dijo Sapo-. No tienes que tener miedo. Nosotros siempre estaremos aquí.

Liebre sonrió.

—Y yo estaré con ustedes cada vez que le tengan miedo a los fantasmas.